QUELLE SÉRA

NOTRE POSITION FINANCIÈRE

EN 1821,

D'APRÈS LE BUDGET POUR 1818.

QUELLE SERA

NOTRE POSITION FINANCIÈRE

EN 1821,

D'APRÈS LE BUDGET POUR 1818:

PAR M. F. D. B.

A PARIS,

Chez DELAUNAY, Libraire, au Palais-Royal.

1818.

QUELLE SERA

NOTRE POSITION FINANCIÈRE

EN 1821,

D'APRÈS LE BUDGET

POUR 1818.

C'EST en 1821 que nos charges extraordinaires doivent cesser, c'est donc sur cette époque qu'il faut arrêter nos regards ; mais pour bien se rendre compte quelle sera notre position financière alors, il faut examiner : 1° si les recettes pourront être augmentées ; 2° si les dépenses pourront être diminuées ; et 3° quelles seront alors les augmentations indispensables. Tel est le but de notre travail ; cet examen nous fera connoître la solution de ces trois questions.

Les recettes pourront-elles être augmentées ? Voici comment s'exprime à cet égard Son Ex. le Ministre des Finances, dans son Rapport au Roi, en lui présentant le Budget pour 1818. (*Voyez* pag. 65.)

« Je le dis avec douleur à Votre Majesté, pour
» maintenir cette équation entre les ressources
» et les besoins, il a fallu atteindre toutes les

» limites de l'impôt ; et si l'espoir consolant que
» Votre Majesté a donné à ses peuples ne devoit
» point se réaliser, s'ils etoient condamnés à
» n'obtenir que du temps les adoucissemens
» que trois années de souffrances et de calami-
» tés leur ont rendus si nécessaires, la pro-
» priété, l'industrie, le commerce accablés sous
» le poids des charges publiques, n'en pour-
» roient plus soutenir l'excès. La sagesse de
» Votre Majesté défendra d'un si triste avenir
» cette noble France que le malheur n'a point
» abattue, et qui est restée fidèle à sa gloire et
» supérieure à sa fortune. »

Ces prédictions alarmantes sont-elles chimé-
riques ou exagérées? En passant en revue tous
les genres de contributions qui composent la
fortune publique, nous verrons facilement
combien nous avons à craindre qu'elles ne se
réalisent.

Pour bien juger si chacune des contributions
a atteint son *maximum*, il faut la comparer
avec la matière imposable, ou avec la consommation sur laquelle elle est basée ; c'est d'après
ce principe infaillible que nous allons opérer ;
nous allons y procéder dans l'ordre où chaque
contribution est présentée dans le Budget. (*Rapport du Ministre*, pag. 110.)

1° Contribution foncière.

La contribution foncière est basée sur le revenu, soit des propriétés rurales, soit des propriétés urbaines.

Or, nous voyons dans l'excellent Rapport
sur le Cadastre, distribué aux Chambres, que
le résultat des opérations déjà entièrement terminées, lesquelles comprennent à peu près un
sixième de la France (1), donne la preuve que
la proportion entre le capital de la contribution foncière, montant à 172,703,286 fr. seulement, et le revenu net, est de 13 cent. trente-
neuf centièmes pour franc, revenant à un huitième (2).

Il doit donc passer pour constant que si la
contribution foncière étoit fixée, comme dans
le principe, à 172 millions, elle ne frapperoit,
sauf l'inégalité de la répartition, que le huitième du revenu.

Mais cette contribution est augmentée

1° de 50 centimes au profit de l'Etat. . . . .   86,351,643 f.
(Pag. 110 du *Rapport de S. Ex.*)

2° de 5 centimes facultatifs pour les dépenses départementales, de 3 centimes
pour fonds de non valeur, d'1 centime
environ pour frais de perception :
total 9 centimes   15,643,295

———————————

101,994,938

---

(1) (*Voyez* pag. 224 et 225.) Sur 38,990 communes, 6,521
sont entièrement cadastrées.

(2) L'alivrement ou revenu imposable cadastré, s'élève à
242,461,991 fr. La contribution totale est de 32,474,402 fr. 67 c.

1*

De l'autre part. . . . . 101,994,938 f.

(1) 3° du principal de la contribution des portes
et fenêtres.   12,812,611

4° de 100 centimes additionnels à la même
contribution.   12,812,611

5° 10 centimes sur la même contribution
pour fonds de non valeur . . . , . . .   1,281,261

TOTAL. . . . . . 128,901,421 f.

Ce ne' sont pas les seules charges qui grèvent la propriété foncière, il faut encore ajouter à cette masse la partie des contributions indirectes qui frappe seulement les contribuables qui sont propriétaires, et à cause de leurs propriétés :

1° A peu près toute la partie des droits d'enregistrement, résultant d'enregistrement, de successions, de timbre, de greffes, d'hypothèque, dont les produits se sont élevés, en 1816, à . . . . .123,900,000 fr.

---

(1) Quelques personnes pourroient penser par erreur que la contribution des portes et fenêtres est à la charge des locataires. Cet usage n'a jamais eu lieu pour les propriétés rurales. Quant aux propriétés urbaines, il est vrai que la loi qui a établi la contribution des portes et fenêtres, a dit, qu'elle seroit à la charge des locataires, mais cette disposition n'a été applicable qu'aux baux existans alors. Dans tous les nouveaux baux, il faut en faire une stipulation expresse, sinon la contribution est à la charge du propriétaire; quand il a soin d'en faire une clause de son bail, le locataire s'en dédommage en diminuant le prix de la location.

Si sur cette somme , quelques foibles parties sont applicables à des valeurs mobilières, cette portion est amplement compensée par celles des autres recettes de cette administration , qui n'ont pour origine que la propriété foncière, tels que le timbre proportionnel et de dimension , les ports d'armes que l'on n'accorde que parce que l'on est propriétaire, et une foule d'autres branches de recette ;

2° La taxe sur les sels , qui a produit, en 1816, quarante-deux millions. Sur cette somme une partie a été la représentation du sel employé au besoin ordinaire de la vie , et rentre dans le nombre des contributions de consommation ; mais une bonne partie aussi a été acquise par le cultivateur , comme nourriture indispensable pour les bestiaux , et est devenue dès-lors une contribution foncière. On ne peut évaluer cette partie de l'impôt à moins de . . . . . 15,000,000 fr.

Quoique les droits des douanes frappent sur quelques objets souvent indispensables à l'agriculture , ces articles ne sont pas assez importans pour qu'il soit nécessaire d'en faire mention.

Quant aux contributions indirectes proprement dites ; les droits sur les boissons , et les droits sur la culture des tabacs, sont évidemment des taxes qui pèsent sur les propriétés foncières : en vain dira-t-on que c'est le consommateur qui acquitte les droits. D'abord il y en a une partie qui sort réellement de la poche du propriétaire, tel que le droit de mouvement sur les vins, lorsqu'il transporte ses récoltes de chez son fermier ou vigneron dans ses celliers en ville ; et pour les autres droits, on ne peut se dissimuler que bien qu'il ne les paie pas lui-même, une grande partie ne soit encore à sa charge, car chacun sait que toute contribution, qui frappe sur une denrée, en diminue la consommation, ou en fait baisser le prix : or, comme la consommation ne peut pas diminuer, puisqu'il faut toujours que le vin soit vendu, soit plutôt, soit plus tard, il en résulte infailliblement une diminution dans le prix qu'il auroit obtenu. Ce raisonnement s'applique aussi à la récolte des tabacs : cependant, comme on pourroit nous opposer que cette diminution a été prise en considération par les experts du cadastre, et voulant d'ailleurs que l'on ne puisse nous accuser d'aucune exagération dans nos calculs, nous ne porterons ce surcroît de contributions sur les propriétés que pour mémoire.

La redevance sur les mines est bien encore une contribution presqu'entièrement à la charge des propriétés foncières, puisqu'elle tend à leur faire payer plus cher les matériaux pour les bâtimens d'exploitation, et les instrumens aratoires ; cependant nous laisserons encore cet article pour mémoire.

Mais il est un autre genre de contributions

locales, que nous ne pouvons passer sous silence, ce sont les centimes additionnels que le gouvernement autorise chaque commune à s'imposer, « pour la conservation ou réparation des digues » ou autres ouvrages d'art, intéressant les com- » munautés de propriétaires ou d'habitans. » (*V*. art. 132, loi du 25 mars 1817.) Un article aussi vague donne peut-être trop de facilité et trop de latitude aux demandes ; car par ouvrages d'art, non-seulement on entend les chemins d'exploitation, les maisons communes, les églises, les presbytères, mais encore l'entretien des places publiques, et beaucoup d'autres dépenses que l'on pourroit ajourner sans inconvénient.

Lorsque pour la première fois on établit les 50 centimes extraordinaires que l'on paye encore aujourd'hui (c'étoit au mois de janvier 1814), au moins eut-on soin de dire : « Il ne pourra être » rien ajouté pendant l'année 1814, sous quel- » que prétexte que ce puisse être, aux centimes » additionnels actuellement établis, etc. » Cette clause empêchoit l'augmentation du mal, au lieu qu'aujourd'hui il y a des communes qui payent 10, 20, et 50 centimes en sus de la contribution pour le trésor ; et certes c'est rester au-dessous de la vérité que de fixer cette contribution locale à 5 centimes du capital de la contribution foncière, et de la modérer à . . . . .8,635,164 fr.

Ainsi, en récapitulant toutes les contributions qui grèvent en France la propriété foncière, on trouve le résultat suivant :

1° Principal de la contribution foncière. . . . 172,703,286 f.
2° 50 centimes additionnels au profit de l'Etat. 86,351,643
3° 9 centimes pour dépenses départementales, fonds de non valeur, frais de perception. 15,643,295
4° Principal et doublement de la contribution des portes et fenêtres. 25,625,222
5° 10 centimes pour fonds de non valeur. . . 1,281,261
6° Portion de la contribution de l'enregistrement qui porte sur les propriétés. 123,900,000
7° Taxe sur les sels employés à la nourriture des bestiaux. 15,000,000
8° Centimes additionnels pour dépenses communales 8,635,164
9° Douanes, contributions indirectes, redevances sur les Mines. . . . . *Mémoire.*

TOTAL. . . . . 449,139,871 f.

S'il est exact, ainsi qu'il n'est pas permis d'en douter, d'après les travaux entièrement achevés du cadastre, que le capital de la contribution fixé à cent soixante-douze millions, soit le huitième du revenu imposable, la somme de quatre cent quarante-neuf millions en emporte plus du tiers. Tout énorme que soit cette proportion, si elle étoit également répartie, peut-être pourroit-on la supporter quelque temps ; mais quand on pense que cette inégalité est telle, que dans certains départemens on paye, pour les cent soixante-douze millions du capital de la contribution foncière, le cinquième de son revenu, tandis que dans d'autres on ne paye seulement que le treizième, et que dans le même département, celui de l'Ain, par exemple, quelques contribuables payent les neuf dixièmes de leur revenu, tandis que d'autres ne payent que le un cent trente-unième (*Voy*. pag. 49, Rapport sur le Cadastre), il doit être démontré à tout le monde, que bien loin de pouvoir augmenter d'un centime la contribution foncière, il est urgent, il est indispensable, je ne dirai pas pour l'amélioration de l'agriculture, mais seulement pour obtenir toujours les mêmes produits, de diminuer ce fardeau énorme. Que l'on ne s'imagine pas que ce tableau soit exagéré, parce que les contributions se payent avec régularité et exactitude. Cette régularité, cette exactitude, sont autant le résultat de la perfection de notre mode de perception, que du patriotisme des Français, et de leur amour pour leur Roi.

Produits de l'Administration de l'Enregistrement, et des Domaines et Foréts.

Si l'Administration de l'enregistrement mérite tous les éloges qu'on lui accorde pour l'économie qu'elle sait apporter dans ses frais de régie; pour le chöix distingué de ses employés, et pour l'ordre et la tenue de sa comptabilité, elle n'en doit pas paroître moins digne aux yeux du fisc, pour le talent avec lequel elle a su porter au plus haut degré tous les genres de perception qui lui sont confiés ; aucun acte, aucune transaction ne peut échapper à la surveillance active de ses nombreux employés. Si quelque chose pouvoit nuire à ses recettes, ce seroit peut-être le taux trop élevé auquel sont portés les droits proportionnels. Quand le droit est trop fort, il fait diminuer le nombre des transactions, ou engage à s'y soustraire par la fraude, soit par des actes sous seing privé, soit en dissimulant une partie des conventions. Il est constant que si le droit de prêt étoit moins considérable, et si les prêteurs n'étoient pas effrayés par les formes coûteuses dont les hypothèques sont entourées ; si ensuite les frais et les risques des expropriations forcées ne rendoient pas les recouvremens aussi douteux : les propriétaires emprunteroient plus souvent, parce qu'ils emprunteroient pour un moins long-temps, et les prêteurs exigeroient un intérêt moins élevé, puisqu'ils courroient moins de risques, et éprouveroient moins dè difficultés pour rentrer dans leurs capitaux. Il n'y a nul doute encore que si les droits d'acquisitions étoient moins considérables, il y auroit plus de mutations de propriétés, tandis qu'aujourd'hui les droits étant évalués à deux années environ

de revenu (1), il n'y a que les propriétaires gênés dans leurs affaires, qui puissent se déterminer à vendre. Je mets en fait que si les
droits étoient réduits de moitié, il y auroit
quatre fois plus de ventes ; car, en dernière analyse, c'est toujours le vendeur qui paie les droits,
l'acquéreur n'en fait que les avances ; mais enfin
ces frais énormes, ces difficultés, ont pu être
imposées par le législateur pour des raisons politiques qui empêcheront toujours leur réduction. Il a espéré rendre, par ce moyen, la propriété plus stable dans les familles, et engager
les capitalistes à prêter de préférence leurs fonds
au gouvernement, en leur donnant toute facilité pour en transférer la propriété, et en mettant leurs créances à l'abri de toute poursuite
judiciaire. Toutefois, il faut conclure que si
l'intérêt du Gouvernement force à maintenir
ces droits au taux exorbitant où ils sont portés,

---

(1) *Droits à payer pour une acquisition.*

Enregistrement	4	p. 100
Transcription	$1\frac{1}{2}$	
Quittance	$\frac{1}{2}$	
Inscription hypothécaire, main-levée, etc.	$\frac{1}{2}$	
10 centimes du tout. Plus de	$\frac{1}{2}$	
Droit du notaire	1	
Total	8	p. 100

Equivalant à deux années de revenu net d'impôt.

le salut, l'intérêt des propriétaires interdisent de leur donner la moindre extension.

Mais il est d'autres droits dont aucune considération, aucune idée politique ne peut justifier l'étendue.

Ce sont les droits judiciaires et ceux sur les successions.

Les frais judiciaires, qui se composent en grande partie des frais de timbre et d'enregistrement, sont si dispendieux, que l'honnête homme pauvre peut devenir victime de la mauvaise foi de l'homme opulent, s'il n'a pas les moyens d'avancer des frais, qui sont souvent hors de proportion avec ce qu'il veut réclamer. En effet, on peut être porteur d'un titre de 100,000 fr., sur cette somme avoir déjà reçu un à-compte de 90,000 fr. ; si le débiteur refuse, ou est hors d'état de payer les 10,000 fr. restans, il faut, avant de pouvoir présenter son titre à la justice, le faire enregistrer, et payer le droit sur 100,000 fr., comme si la somme étoit encore due intégralement.

Cette rigueur de la loi est encore plus sensible dans les droits de succession. Sans parler de leur énormité, qui est telle aujourd'hui, que, pour recueillir la succession d'un frère, il en coûte 5 pour cent, et près de 8 pour cent pour une succession plus éloignée ; il existe dans la per-

ception de ces droits, une fiscalité que la pénurie
de nos finances peut seule excuser : je veux parler de la perception qui s'opère, non pas sur
l'actif net des successions, mais sur l'actif, sans
aucune déduction du passif; de telle manière
qu'une succession d'un million, tant en valeurs
foncières qu'en valeurs mobilières, auroit beau
être grevée d'inscriptions et de dettes pour 7 à
800,000 fr., quelquefois même au-delà de son
actif, les héritiers ou les créanciers, dans le cas
de répudiation de la succession, n'en paieroient
pas moins le droit sur le million tout entier.

Ainsi, loin de penser à augmenter ces droits,
il faudra s'empresser, aussitôt que les circonstances le permettront, de les rétablir dans les
limites réclamées depuis long-temps par la justice et la raison.

Les autres branches de recette de cette administration sont les domaines et les forêts, qui ne
sont pas plus susceptibles d'augmentation que
l'enregistrement. Les domaines proprement dits
sont aujourd'hui très-peu importans. Tout ce
qui n'avoit pas été vendu a été rendu depuis aux
propriétaires.

Il ne reste donc plus que le revenu des bois
et forêts qui sont évalués, par le budget, pour
1818, à 15,400,000. Ce revenu se réduira à rien
insensiblement, 1° par le prélèvement du revenu de 4,000,000 sur la vente des bois

(14)

destinés à doter les établissemens ecclésiastiques ; -

2° Par l'affectation du restant de leur valeur
à la caisse d'amortissement.

Il résultera, il est vrai, de cette diminution
de revenus, une diminution à peu près égale de
rentes sur le grand livre ; mais comme ces rentes,
devenues la propriété de la Caisse d'amortissement, ne feront qu'augmenter les *ressources* de
cet établissement, sans diminuer encore, en
1821, au profit du trésor le service de la dette consolidée, le revenu réel se trouvera diminué de
tout ce qui sera vendu à cette époque : on peut
estimer que ces ventes s'élèveront à 4,000,000 de
revenu, qui, joint aux 4,000,000 réservés pour
le clergé, formeront, en 1821, un déficit de
8,000,000 sur ce chapitre des recettes.

Administration des Douanes et Sels.

Les Douanes et Sels figurent dans le Budget des
recettes de 1818 pour net produit 80 millions.
Savoir : les Douanes... 60,000,000
les Sels...... 43,000,000

Total...... 103,000,000
D'où déduisant pour frais
d'administration...... 23,000,000

Reste net........ 80,000,000

Il est impossible de songer à augmenter le tarif des douanes, sans s'exposer à en compromettre entièrement le revenu. « C'est sur-tout » pour les Douanes que l'impôt doit s'arrêter » au point où son excès favorise la fraude, nuit » à la consommation et décourage l'industrie. »

C'est ainsi que S Ex. le Ministre des Finances s'exprimoit dans son Rapport, en présentant le Budget de 1816. (*Voy*. ce Rapport, p. 17.)

Quant aux sels, la taxe est de 3 décimes par kilogramme : elle a été réduite à ce taux après avoir été pendant un an à 4 décimes, parce qu'elle fut reconnue dès-lors exorbitante et nuisible à l'agriculture. Elle fut l'objet de tant de réclamations, qu'il est impossible de penser aujourd'hui à l'augmenter de nouveau. Ce sera, au contraire, un des premiers impôts à diminuer aussitôt que des temps plus heureux le permettront.

Enfin, le chapitre vi des Recettes comprend des recettes et prélèvemens qui sont tous appelés temporaires, et s'élèvent à... 19,400,000 fr.

Je suppose que quelques-uns puissent encore subsister long-temps, il en est d'autres qui finiront bientôt d'eux-mêmes, faute d'alimens. Ainsi il seroit possible de recevoir encore long-temps de la générosité de nos Princes, l'abandon qu'ils font sur leur liste civile, de 3,000,000,

ci...................... 3,000,000 mil.
De faire sur les appointemens
   la retenue de........... 12,000,000
Et sur les pensions......... 1,200,000 fr.

               Total..... 16,200,000 fr.

Mais il faudra bientôt renoncer à toute recette arriérée :

Sur les bois coupés......... 500,000 fr.
Sur les bois des communes... 2,100,000
Sur les décomptes des acqué-
   reurs de biens nationaux.. 600,000

Il faut donc retrancher du
   Budget à venir, pour ces
   objets .... 3,200,000 fr.

Nous avons parcouru avec soin toutes les branches de recettes ; il résulte de cet exposé que S. Ex. le Ministre des Finances n'a rien dit qui ne soit entièrement conforme à la vérité, quand il a annoncé à Sa Majesté que l'on avoit atteint toutes les limites de l'impôt en portant le Budget des recettes ordinaires, savoir :

1° Ce qui est affecté au service de la dette consolidée et de l'amortissement,
à.......................... 180,782,000 f.
(*Voy.* p. 108, Rap. du Ministre
   des Finances.)

Report.... 180,782,000 f.

2° Ce qui est réservé aux dépenses ordinaires à.......... 604,178,600
(*Voy*. p. 110, Rap. du Ministre
des Finances.)

784,960,600 f.

Sur cette somme, on ne pourra se dis-
penser de diminuer les années suivantes,
savoir :

1° Sur les produits des bois
et forêts.......... 8,000,000f.

2° Pour déduction de la
portion de l'impôt du sel
affecté au paiement de la
dette consolidée et déjà em-
ployée dans la somme de
180,782,000, ci-dessus ... 17,182,000

3° Sur les recettes temporaires............. 3,200,000

28,382,000

Les années suivantes, la recette sera donc infailliblement
réduite à................. 756,578,600

Après avoir ainsi établi d'une manière certaine le *maximum* auquel puisse nt atteindre
les revenus publics, voyons si les dépenses pourront se modérer au point de laisser espérer un
jour quelque soulagement, ou si du moins
nous pouvons avoir la certitude qu'elles ne sur-
passeront pas ces revenus.

DÉPENSES.

Chapitre 1er.

Dette Viagère.

Cette dépense est réduite pour
1818, à .... 12,800,000 fr.
parce que le budget diminue,
pour extinctions présumées dans
l'année, une somme de 290,322 fr.
En calculant d'après la même hy-
pothèse, pour les trois années
suivantes, la diminution présumée à la fin de 1821, seroit de
870,966 fr. Supposons-la d'un
million.

Chapitre 2.

Pensions.

Pensions civiles............ 4,908,000
Sur cette somme, il n'y a de
temporaire que 1,908,000 fr.
Les 3,000,000 fr. restans sont
le taux fixé à jamais par la loi,
pour les pensions civiles. On ne
peut prévoir, d'ici à la fin de

de 1821 , plus d'un dixième d'extinction , c'est-à-dire , environ
200,000 fr.

Pensions militaires......... 48,500,000

Sur cette somme, il n'y a de
temporaire que 28,500,000 fr.
Les autres extinctions seront
remplacées par de nouvelles
pensions. Le Budget compte sur
une réduction de 1,500,000 fr.
pour les extinctions présumées
en 1818. Dans la même proportion, nous calculerons pour une
réduction, à la fin de 1821 , de
4,500,000 fr. , c'est-à-dire , de
près d'un sixième, ce qui est hors
de toute probabilité.

Pensions ecclésiastiques.

Celles temporaires s'élèvent à   7,500,000
Les extinctions présumées sont
calculées par le Budget pour une
somme de 400,000 fr. pour 1818.
Dans la même proportion, on
aura, à la fin de 1821 , une réduction de 1,200,000 fr.

CHAPITRE 3.

Liste civile.............. 25,000,000

Famille royale........... 9,000,000

On ne peut présumer aucune réduction sur cette dépense. Tout ce que l'on peut espérer, c'est que nos Princes feront toujours remise, au profit du Trésor, de trois millions, et que Sa Majesté continuera à payer sur sa liste civile une partie de sa maison militaire.

CHAPITRE 4.

Clergé.

Ce chapitre de Dépenses s'élève à 27,000,000 f. C'est une dépense permanente dont l'objet ne permet d'espérer aucune diminution, et qui ne pourra, au contraire, qu'augmenter, pour être mise en harmonie avec la loi présentée sur le Concordat.

CHAPITRE 5.

En exécution d'une ordonnance du 4 juin 1814, le Trésor royal verse annuellement au Domaine de la Couronne, provenant du Domaine extraord^re ..... fr. 4,000,000

Déduisant sur cette somme l'abandon fait par le Roi, attendu les circonstances, de... 2,000,000

Reste à payer, qui est affecté à la Chambre des Pairs....... 2,000,000 ⎫
Chambre des Députés...... 680,000 ⎭ 2,680,000 fr.

.Ce chapitre n'est susceptible d'aucune diminution ; et pour qu'il n'éprouve aucune augmentation, il faut que Sa Majesté continue toujours à abandonner, sur le Domaine extraordinaire, deux millions au Trésor.

Chapitre 6.

Ministère de la Justice..... 17,600,000 fr.

On ne peut prévoir aucune circonstance qui
fasse diminuer cette dépense. On avoit parlé,
il est vrai, de restreindre le nombre des Cours
royales et des Tribunaux de première instance ;
et on avoit espéré par ce moyen obtenir une diminution quelconque de dépenses : nous croyons
qu'on avoit mal calculé ; car il auroit fallu alors
nécessairement augmenter en proportion le
nombre des conseillers et des juges dans les
Cours et Tribunaux conservés, et les payer suivant l'importance de leurs fonctions et l'accrois-
sement des affaires. Au surplus, il paroît que
l'on a pris le parti fort sage de ne faire aucune
réduction ; car tout changement tend à altérer
ou détruire la fixité d'institutions dont nous
avons tant besoin.

Chapitre 7.

Ministère des Affaires Etrangères. 9,252,000 f.

Le budget des affaires étrangères est divisé en
deux parties.

1° Le service ordinaire.........6,500,000 f.

Cette section ne paroît dans aucun cas susceptible de réduction. Il faut même prévoir les circonstances où un ministre moins désintéressé exigeroit, ainsi qu'il en a le droit, la totalité de son traitement.

Il faut prévoir aussi le moment où sous peine de voir se détruire avant d'être terminé, l'hôtel que l'on construit sur le quai d'Orsay, il sera indispensable de donner une somme beaucoup plus importante que celle de 50,000 fr. que l'on alloue aujourd'hui et qui est à peine suffisante pour empêcher les intempéries des saisons de dégrader ce qu'il y a de fait.

2° Dépenses extraordinaires placées au nombre des temporaires.   2,752,000

Elles se composent de trois articles.

Dépenses secrètes................1,152,000
Secours aux émigrés...............800,000
Frais de représentation...........800,000

On ne peut prévoir comment un jour les dépenses secrètes et les frais de représentation pourroient être moindres qu'ils ne le sont aujourd'hui et encore moins disparoître entièrement. Il nous semble que ces sortes de dépenses doivent avoir été réduites, autant que possible, en considération de la pénurie du trésor, et que dans aucune circonstance elles ne pourront être plus foibles.

En effet nous sommes en paix avec le monde entier ; grace à la justice, aux bons sentimens, qui animent tous les Souverains de l'Europe, et à la religieuse exactitude avec laquelle les traités de paix s'exécutent, la politique est tout à découvert et doit nécessiter, moins que jamais des dépenses secrètes.

Frais de représentation. Aucun événement important, aucune fête solennelle n'oblige à des frais extraordinaires. Il faut donc conclure que si aujourd'hui 800,000 francs sont nécessaires pour ce genre de dépenses, ils le seront toujours.

Quant aux 800,000 affectés à donner des secours aux émigrés, on ne conçoit pas trop comment le ministère des affaires étrangères peut être chargé de cette dépense, à moins que ces émigrés ne soient encore en pays étrangers ; et alors il paroîtroit impolitique qu'on leur envoyât de l'argent pour être dépensé hors du royaume. Nous ne présentons cette observation que comme une simple réflexion ; puisque cette allocation est demandée, nous devons croire qu'elle est indispensable. Il faut espérer que bientôt on ne saura plus ce que c'est que des émigrés, et que partout sans distinction et sans différence, on ne verra que des Français. Alors cet article de dépense disparoîtra entièrement ; mais ce ne pourra être que lentement et par degré ; quand cette réduction s'opérera, elle sera amplement compensée par les aug-

mentations indispensables que nous avons signa-
lées au commencement de cet article. Il ne faut
donc espérer jamais aucune diminution sur ce
chapitre.

Chapitre 8.

Ministère de l'Intérieur.

Le total des dépensés de ce ministère s'élève
à............................... 67,976,000 fr.
dont seulement en dépenses dites temporaires,
4 millions.

Mais c'est à tort que ces dépenses sont appelées
temporaires, ce sont seulement les fonds pour les
acquitter qui ont temporairement cette destina-
tion. Son Ex. le Ministre des finances les appelle
temporaires, parce qu'elles se composent du supplément de 4 millions, qu'il propose par l'article 19 du projet de loi, d'accorder pour com-
pléter les dépenses départementales, savoir :
3 millions provenant de l'abandon fait par la famille royale et 1 million à prendre sur les fonds
généraux du trésor. Ainsi on peut maintenir
pour constant qu'il n'y a pas une seule dépense
temporaire dans le budget du ministère de l'intérieur. Voyons au contraire si d'ici à peu de
temps et même avant 1821, il ne sera pas indispensable de donner de l'augmentation à quel-
ques-unes. Nous ne nous arrêterons qu'à celles
que le ministre de l'intérieur signale lui-même
dans son budget.

Ponts et Chaussées.

Entretien des routes...... 22,606,000 fr.

Voici l'observation du Ministre :

« Les demandes, pour ce service, sont au-des-
» sous de ce que les besoins réels exigeroient. On
» ne propose que ce qui est indispensable au
» maintien des communications les plus impor-
» tantes. Pour les travaux neufs, on est obligé
» de se borner aux plus remarquables, et à ce
» qu'il faut pour empêcher le dépérissement de
» ceux qu'on a été obligé d'ajourner. Le service
» des ponts et chaussées, si intéressant pour l'oc-
» cupation d'une nombreuse classe d'ouvriers,
» devroit avoir 30 millions. En 1814, le crédit
» étoit de 34 millions.

Ici ce n'est pas une dépense de luxe, ce n'est
pas une nouvelle entreprise dont l'utilité n'est
pas encore reconnue ; c'est la conservation des
communications, c'est la vie du commerce, c'est
par cela même la source d'une grande partie des
contributions : il n'y a donc pas de dépense plus
urgente; et, en supposant que l'on tarde encore
quelques années, plus on tardera, plus les réparations seront coûteuses. Il sera donc indispensable, en 1821 au plus tard, d'augmenter ce
chapitre de dépenses de 10 millions au moins.

Il y a bien encore d'autres articles du budget du Ministère de l'Intérieur qui réclame-
roient aussi des augmentations ; tels que les ha-
ras, pour lesquels « une augmentation de crédit

» de 200,000 fr. seroit bien nécessaire dans ce mo-
» ment où l'on éprouve le besoin de chevaux
» pour la remonte de la cavalerie (pag. 180,
» *Rapport du Ministre*). » ·

Les écoles d'arts et métiers à Châlons et An-
gers « dans le régime desquels on a apporté la
» plus stricte économie (*Idem*). »

Les encouragemens aux arts et métiers « pour
» lesquels on regrette de ne pouvoir proposer un
» fonds plus considérable (*Idem*). » ·

Toute la section de l'instruction publique, qui
est traitée avec une économie trop rigoureuse,
et beaucoup d'autres articles. Nous ne portons
ici les articles que pour mémoire.

CHAPITRE 9.

Finances.

Ce chapitre ne paroît susceptible d'aucune diminution ni présente ni future, excepté toutefois les dépenses pour des secours aux agens sup-
primés des départemens rétrocédés ou une fois
payés aux veuves d'employés.
ensemble........................ 5o,ooo f.

Et les frais de commissions de liquidations de l'arriéré des créances
françaises et étrangères, montant à.. 25o,ooo
                                      ─────────
                TOTAL........ 3oo,ooo f.

Mais cette diminution, si elle est possible,

sera plus que compensée par les augmentations de dépenses qu'il faudra bien consentir plus tard ; telles que celle pour le cadastre , auquel la pénurie du trésor ne permet d'employer que 2,700,000 fr. , et qui réclameroit 5 millions au moins par an , si nous voulons être témoins des avantages de cette mesure (1).

Chapitre 10.

Ministère de la Guerre.

Budget montant à.......... 165,750,000

On ne voit pas un seul article du budget du Ministre de la guerre qui soit susceptible d'aucunes économies , si ce n'est celles qui résulteront de l'ordonnance du 6 novembre 1817, qui diminue les états-majors , et de la suppression des cours prévôtales. Mais le Ministre nous prévient (*Voyez* p. 170 du *Rapport du Ministre des Finances*) que « les sommes qui » résulteront de ces réductions resteront au » chapitre des dépenses imprévues, déjà insuf- » fisant en raison de celles auxquelles le recru- » tement donnera lieu. »

---

(1) *Voyez* pag. 37 , Rapport sur le Cadastre.)

En ne dépensant que trois millions par an , les travaux dureront encore trente-cinq ans ; en dépensant 5 millions, ils seront achevés dans dix-huit ans.

Il y aura encore une autre réduction lentement progressive ; ce sera celle résultant des extinctions de réformes placées dans les dépenses temporaires, et qui s'élèvent en ce moment à.......................... 19,852,863.

Supposons qu'en 1821 cette réduction sera de plus d'un dixième, c'est-à-dire, de 2 millions : c'est tout ce que l'on peut espérer.

Toutes les autres économies possibles ont été faites, puisque le Roi paye une grande partie de sa maison militaire, et qu'il ne reste plus à la charge du trésor, pour cet objet, que 1,500,000, et que tout est réglé sur le pied de paix.

Mais il s'en faut beaucoup que, tout considérable que soit ce budget, il puisse rester à ce taux. Aussitôt que la loi sur le recrutement actuellement présentée, ou toute autre, aura été décrétée par les Chambres et approuvée par le Roi, il faudra pourvoir à l'équipement et à la solde de cette nouvelle armée. Le Ministre, supposant que son projet de loi seroit adopté, et qu'il commenceroit à recevoir son exécution le 1er juillet prochain, demande, pour l'augmentation dans l'effectif, une somme de 12 millions ; ce qui suppose, pour une levée de 40,000 hommes, 24 millions par an ; et comme, avant la libération des premiers appelés , il y aura sous les drapeaux 160,000 hommes de plus qu'aujourd'hui, et qu'ils seront tous levés en 1821 , il faut calculer qu'à

compter de cette époque, la dépense totale et
annuelle sera augmentée de..... 96,000,000 f.
Diminuant sur cette somme celle
déjà demandée par le budget de
1818........................... 12,000,000

il n'en faudra pas moins, en 1821,
une augmentation de........... 84,000,000

On peut dire, il est vrai, que la loi du recrutement sera simplement une faculté donnée au
Gouvernement, dont il n'aura pas besoin d'user
de long-temps ; que les bases sur lesquelles la
paix de l'Europe est fondée, sont tellement as-
surées que nous devons croire à sa prolon-
gation ; mais il faut pourtant prévoir qu'elle
ne sera pas éternelle, et penser qu'un des
moyens les plus sûrs pour en garantir la durée,
c'est de prendre une attitude capable de la faire
respecter.

Ce ne sera pas encore la seule dépense urgente. Les sommes destinées par le budget de
cette année à l'entretien des fortifications, ne s'élèvent qu'à 2,100,000, et peuvent à peine suffire
à l'indispensable pour les places fortes qui sont
encore entre nos mains. Mais quand les troupes
alliées auront tout-à-fait évacué notre territoire,
lorsqu'elles nous auront rendu les places qu'elles
gardent en ôtage, sans munitions, sans approvisionnemens et presque démantelées faute d'entretien, il faudra, si l'on ne veut pas les faire

démolir totalement, des sommes immenses pour les remettre en état ; et ce n'est pas être dans un système d'exagération, que de penser que l'on aura besoin d'un supplément de 6 millions au moins par an. Il faut donc calculer sur une augmentation indispensable pour le seul ministère de la guerre en 1821, et compensation faite de la diminution de 2 millions, résultant de l'extinction des soldes de retraite, de 88 millions.

Chapitre II.

Ministère de la Marine.

Budget montant à........... 44,000,000

De tous les ministères, celui de la marine est le plus modéré dans ses demandes. Il paroît difficile d'y mettre plus d'ordre et d'économie qu'il y en existe ; mais cet état de parcimonie ne peut pas exister long-temps. Ou il faut renoncer entièrement à la marine, ou il faut lui donner les moyens de sortir de l'état de nullité dans lequel elle est plongée. Avec un budget aussi restreint, il est impossible de penser à aucune construction nouvelle, à aucun approvisionnement, à aucuns travaux d'art, et à l'équipement d'aucune escadre, même d'instruction.

Les observations ministérielles qui se trouvent en regard de chaque chapitre de dépenses, prou-

vent que, bien loin de pouvoir obtenir la moindre économie sur aucun d'eux , il faudra abso-
lument en augmenter le montant. Aux chapitres
des salaires des ouvriers , des approvisionnemens
et de l'artillerie , le Ministre dit : (*Voy*. pag. 179.
Rap.) « Ces sommes sont d'une extrême insuffi-
» sance , et n'assureront pas même l'exécution
» des travaux les plus urgens. »

Au chapitre des ouvrages hydrauliques ,
2,600,000 , il dit : « Cette dépense est près de
» deux tiers au-dessous des besoins. »

Au chapitre des Colonies , 4,600,000 , il dit :
« Les Colonies sont surchargées d'impôts : leurs
» principaux établissemens militaires et civils
» exigent de promptes réparations : le crédit
» sera bien loin de suffire aux besoins. »

Quand on pense que sous le précédent gouvernement , à une époque où toutes les vues , tous
les moyens étoient portés vers la guerre continentale , où nous n'avions pas une seule colonie
à protéger , pas une seule escadre à la mer ; que
même en 1812 et 1813 , où nous étions engagés
dans une guerre lointaine et ruineuse, cependant
le budget de la marine étoit porté à plus de
100 millions, on a peine à concevoir que nous
puissions nous flatter de reprendre notre rang
parmi les puissances maritimes avec un budget
de 44 millions : ainsi, bien loin de penser à la
moindre diminution dans ce moment; il faut
hâter, sous peine d'être obligé de renoncer à tout

commerce, l'époque où l'on augmentera cette dépense : on ne peut ajourner ce délai plus tard que 1821, et alors il faudra donner au moins dix millions d'augmentation à ce département.

CHAPITRE 12.

Ministère de la Police.

Budget montant à . . . . . . 6,900,000 fr.
Savoir : dépenses ordinaires 1,000,000 ; dépenses spéciales, sur le produit des recettes accidentelles, 5,900,000. Si ce budget ne paroît susceptible d'aucune augmentation, on ne voit pas non plus sur quoi pourroient frapper les diminutions.

CHAPITRE 13.

Intérêts de cautionnement. 8,000,000 fr.
Frais de négociation . . . 18,000,000.

La première de ces sommes n'est susceptible d'aucune diminution : sur la seconde, le budget porte aux dépenses temporaires, comme dépense extraordinaire, 6,000,000 fr. Quoique cette opinion ne repose sur aucun calcul certain, comme cette économie est possible, nous la diminuerons sur l'état de situation de l'année 1821.

Enfin, il ne nous reste plus qu'un chapitre de dépenses à examiner, c'est celui qui résulte de la dette consolidée et de l'amortissement. Après avoir passé en revue chacun des articles qui le compose, pour savoir s'il est susceptible de diminution ; nous établirons les augmentations qu'il devra subir indispensablement d'ici à 1821.

ARTICLE 1er.

(*Voyez* Etat, n° 14, pag. 109, Rapport du Ministre des Finances.)

1° Intérêts des reconnoissances de liquidation émises au 1er novembre 1818. . 4,565,000.

Cette dépense n'est susceptible d'aucune réduction ; nous verrons tout-à-l'heure quelle sera son augmentation en 1821 ;

2° Intérêts de l'arriéré à liquider en 1818, ci.. . . . . 7,000,000.

Cette somme n'est que par approximation ; elle est loin de suffire à toutes les liquidations restant à faire.

ARTICLE 2.

1° Rentes inscrites au 1er novembre 1817, ci. 120,217,000
Pour être assuré de l'exactitude de cette évaluation, il suffit de jeter les yeux sur l'état 21, (page 121, *Rapport du Ministre.*) On voit que le total de la dette perpétuelle s'élève à la somme

de...................... 127,217,441 ;
mais sur cette somme, il faut diminuer les
7,000,000 de rentes de fonds de garantie pour le
paiement de la contribution de guerre. Reste
en nombre rond........... 121,217,000.

Aucun autre article ne paroît susceptible de
réduction.

2° Rentes à inscrire en 1818, à-compte sur
l'arriéré de 1809 et années antérieures. 1,000,000.
Le total de cette inscription sera, en 1821,
de..................... 2,500,000,
comme il va être expliqué plus bas.

3° Paiement d'un semestre d'arrérages sur les
rentes à inscrire en 1818, sur le crédit de
16,000,000 demandé par le ministre. 8,000,000.

Cette inscription s'élèvera, en 1819, à
16,000,000, comme on verra plus bas.

Article 3.

Dotation de la Caisse d'amortissement,
ci........................... 40,000,000.
Cette dépense est invariable, et devroit être
augmentée plutôt que diminuée.

Il résulte de l'examen de ce dernier chapitre,
montant en total à......... 180,782,000,
qu'aucun article ne peut subir aucune diminution, mais qu'au contraire plusieurs devront
éprouver des augmentations considérables.

Nous allons les parcourir de nouveau.

Article 1er.

Intérêts des reconnoissances de liquidations.

On voit, dans le Rapport du Ministre (pag. VII), qu'il estime que, toute diminution faite, on pourra satisfaire à tout l'arriéré postérieur à 1809 restant encore à liquider et à payer, moyennant 350,000,000 dans les valeurs déterminées par la loi du 25 mars 1817, c'est-à dire en reconnoissances de liquidation ; or, comme la somme de.................... 4,565,000, que demande le Ministre pour le service de 1818 n'est que pour payer les intérêts des recon‧noissances de liquidation émises au 1er novembre 1817, il en résulte qu'il faudra, d'ici à 1821, pour satisfaire aux intérêts de cette dette, un crédit en rentes perpétuelles de 17,500,000 par année. Tout sans doute ne sera pas liquidé à la fois ; c'est pour cela que le ministre ne demande pour cette année, par approximation, que 7,000,000, mais comme à fur et mesure des liquidations, on délivre un coupon qui en fait remonter les intérêts au 28 avril 1816, le résultat est toujours le même pour le trésor ; ainsi il faut calculer, pour cet article, une augmentation de dépenses, en 1821, de 10,500,000.

Article 2.

Rentes inscrites au 1er novembre 1817.

1° On voit, dans le même rapport, à la même

page vij, que le Ministre des finances espère que le restant de l'arriéré antérieur à 1809, et non encore liquidé, se réduira à 50,000,000 payables, conformément à la loi du 20 mars 1813, en inscriptions sur le grand livre, montant à 2,500,000. Sur cette somme, S. Ex. propose d'inscrire, dans l'année 1818, à-compte, 1,000,000; il faudra donc encore un supplément, qui sera inscrit avant 1821, de 1,500,000.

2° Le Ministre, pour faire face aux dépenses de l'année courante, demande un crédit de 16 millions de rentes ; mais comme il présume que ces rentes ne seront aliénées que successivement, et à fur et mesure des besoins, il ne demande, pour 1818, que les fonds nécessaires pour payer un semestre de ce crédit, c'est-à-dire, 8,000,000 fr.; mais en 1821, il faudra payer la totalité de ce crédit, il faudra donc un supplément de...................... 8,000,000 fr.

Article 3.

Caisse d'amortissement. . . .40,000,000 fr.

La dotation de la caisse d'amortissement a été établie, par la loi du 25 mars 1817 : si elle ne paroît susceptible d'aucune diminution, elle ne paroît devoir éprouver aucune augmentation.

Articles additionnels d'augmentation.

Indépendamment de tous ces articles qui figurent dans le budget présenté aux Chambres, il en existe encore qui ne sont qu'indiqués, parce qu'ils ne font pas un objet de dépenses effectives pour cette année : il ne faut pas moins en prévoir l'existence en 1821.

I° Les reconnoissances de liquidations, qui devront être remboursées par cinquième au pair, à partir de 1821, s'élèvent à 407 mill. : on espère qu'elles pourront se réduire à 350,000,000. (*Voy*. Rap. du Ministre, p. 6.). Ce sera donc au moins 70 millions par an. Comme les intérêts de cette somme à 5 pour 100 sont déjà portés en dépense, il n'y aura plus à pourvoir à cette époque qu'à la différence qui existera entre le cours et le pair. Au cours d'aujourd'hui, cette différence seroit de 33 à 34 fr. pour 100; mais accueillons toutes les espérances les plus favorables, croyons qu'au lieu de baisser en proportion des charges, le cours s'améliorera encore : supposons qu'il s'élèvera jusqu'à 80 fr., il y aura encore un supplément à donner de 20 pour 100, c'est-à-dire, de 14 millions par an.

II° *Liquidation avec les Etrangers.*

1° Le budget présenté pour 1818, ne pourvoit encore qu'aux besoins de cette année pour

la contribution de guerre et les frais de l'occupation étrangère : pour satisfaire à ces dépenses,
le Ministre a prouvé qu'il avoit besoin d'un crédit
de 16 millions. Puisque nous avons démontré
qu'on ne pouvoit espérer aucune augmentation
dans les contributions pour les années suivantes,
et que les dépenses de 1819 et 1820 seront au contraire
augmentées de toutes les nouvelles inscriptions, on pourroit croire sans exagération
qu'il faudra encore un crédit pareil : mais calculant toutes les économies possibles, nous livrant,
pleins de confiance en la fidèle exécution du
Traité de 1815, à l'espérance de voir retirer
bientôt tout ou partie de l'armée d'occupation,
comptant même sur une bonification dans le
cours de la rente, nous réduirons ce crédit à
10 millions par année, il n'en résultera pas
moins une augmentation en 1821, de 20 millions de rentes perpétuelles.

2° Les 9 millions de rentes inscrits pour la
garantie des liquidations des particuliers sont
entièrement épuisées, et ce qui reste à liquider
est bien considérable ; les réclamans prétendent
qu'il faudroit encore 20 millions de rentes pour
tout terminer ; mais, réduisant ces prétentions
au taux où il seroit peut-être avantageux qu'elles
fussent fixées, on ne peut les porter à moins
de 10 millions.

Telles sont toutes les augmentations dont il

est aisé de prévoir que sera grevé le budget
de 1821. C'est le Traité du 20 novembre 1815
à la main, c'est avec les calculs, les données,
les espérances et les propres expressions de
Son Ex. le Ministre des Finances, que nous
avons procédé à notre travail. Voyons à pré-
sent quel en est le résultat.

TABLEAU de la Recette présumée en 1821 , tant celle affectée à la Dette consolidée et à la Caisse d'amortissement, qu'à toutes les dépenses ordinaires.

	ÉVALUATION EN 1818.	AUGMENTATION.	DIMINUTION.	Recette présumée EN 1821.
Recette affectée à la Dette consolidée et à l'Amortissement.				
Enregistrement, Timbre et Domaines produit net . . .	143,600,000	. . . .	. . . .	143,600,000
Postes aux lettres.	12,000,000	. . . .	. . . .	12,000,000
Loteries	8,000,000	. . . .	. . . .	8,000,000
A prélever sur le produit net de l'impôt du sel.	17,182,000	. . . .	. . . .	17,182,000
Recette affectée aux Dépenses ordinaires.				
Chap. 1er. Contributions directes.	357,478,600	. . . .	. . . .	357,478,600
Chap. 2. Douanes et Sels. . . . . 80,000,000 f.				
A diminuer ce qui est affecté à la dette consolidée 17,182,000	62,818,000	. . . .	. . . .	62,818,000
Chap. 3. Contributions indirectes.	120,000,000	. . . .	. . . .	120,000,000
Chap. 4. Produits divers.	11,900,000	. . . .	. . . .	11,900,000
Chap. 5. Coupes de bois.	15,400,000	. . . .	. . . .	
Revenus affectés au Clergé et au profit de la Caisse d'amortissement..	. . . .	. . . .	8,000,000	7,400,000
Chap. 6. Recettes en prélèvemens temporaires. . . .	19,400,000	. . . .	. . . .	
Déductions pour prélèvement sur les bois coupés , les biens des communes , les décomptes des acquéreurs des biens nationaux.	. . . .	. . . .	3,200,000	16,200,000
Total général des Recettes	767,778,600	. . . .	11,200,000	756,578,600

DÉPENSES POUR DETTE CONSOLIDÉE ET AMORTISSEMENT.	ÉVALUATION EN 1818.	AUGMENTATION.	DIMINUTION.	DÉPENSES PRÉSUMÉES EN 1821.
	fr.	fr.	fr.	fr.
Chapitre 1er. Intérêts des reconnoissances de liquidation, émises au 1er novembre 1817	4,565,000			4,565,000
Intérêts de l'arriéré à liquider en 1818	7,000,000			17,500,000
Restant à liquider jusqu'en 1821		10,500,000		
Chap. 2. Rentes inscrites au 1er novembre 1817	120,217,000			120,217,000
Rentes à inscrire en 1818, en paiement de l'arriéré antérieur à 1809	1,000,000			2,500,000
Pour compléter la liquidation de l'arriéré antérieur à 1809		1,500,000		
Paiement d'un semestre d'arrérages du crédit de 16,000,000 fr. demandés pour 1818	8,000,000			16,000,000
Pour parfaire ce crédit à inscrire en 1819		8,000,000		
Chap. 3. Dotation de la Caisse d'amortissement	40,000,000			40,000,000
Dépenses ordinaires.				
Chap. 1er. Dettes viagères	12,800,000			11,800,000
Extinctions présumées			1,000,000	
Chap. 2. Pensions civiles	4,908,000			4,708,000
Extinctions présumées			200,000	
Pensions militaires	48,500,000			44,000,000
Extinctions présumées			4,500,000	
Pensions ecclésiastiques	7,500,000			6,300,000
Extinctions présumées			1,200,000	
Chap. 3. Liste civile, Famille royale	34,000,000			34,000,000
Chap. 4. Clergé	27,000,000			27,000,000
Chap. 5. Chambre des Pairs et Chambre des Députés	2,680,000			2,680,000
Chap. 6. Ministère de la Justice	17,600,000			17,600,000
Chap. 7. — des Affaires étrangères	9,252,000			9,252,000
Chap. 8. — de l'Intérieur	67,976,000			77,976,000
Supplément pour Entretien des Routes		10,000,000		
Chap. 9. Ministère des Finances	25,327,600			25,327,600
Diminution possible de 300,000 fr., amplement compensée par les augmentations à faire.				
Chap. 10. Ministère de la Guerre	165,750,000			163,750,000
Extinctions présumées des Pensions de retraites			2,000,000	
Pour l'exécution de la Loi du Recrutement		84,000,000		84,000,000
Pour Entretien, Approvisionnement, Constructions et Améliorations des Places fortes		6,000,000		6,000,000
Chap. 11. Ministère de la Marine	44,000,000			54,000,000
Augmentations indispensables pour constructions et approvisionnemens		10,000,000		
Chap. 12. Ministère de la Police générale	6,900,000			6,900,000
Chap. 13. Cautionnemens	8,000,000			8,000,000
Frais de négociation	18,000,000			12,000,000
Diminution présumée pour les Frais de négociation pour les années suivantes			6,000,000	
Articles additionnels d'Augmentation forcée en 1821.				
Pour tenir compte de la différence entre le cours de la rente en 1821, et le pair pour remboursement des 350,000,000 fr. alors exigibles........ par an		14,000,000		14,000,000
Crédit indispensable pendant 1819 et 1820, pour balancer les recettes avec les dépenses		20,000,000		20,000,000
Crédit nécessaire pour solder aux étrangers les liquidations particulières		10,000,000		10,000,000
TOTAUX	680,975,600	174,000,000	14,900,000	840,075,600

BALANCE.

RECETTE présumée en 1821 .... 756,578,600 fr.

DÉPENSE présumée à la même
    époque 840,075,600

DÉFICIT probable.... 83,497,000

  Ce déficit pourroit être diminué de quelque
chose ; si, au lieu de donner en écus, à partir
de 1821, aux porteurs de reconnoissances de
liquidation, la différence entre le cours et le
pair de leurs rentes, que nous avons évaluée
à quatorze millions par an, on payoit ce com-
plément de liquidation en inscriptions au grand-
livre. Ces quatorze millions seroient remplacés
chaque année par un million de rentes environ ;
et en 1826 notre dette seroit grossie de cinq millions. Ainsi, au lieu d'un paiement effectif, mais
temporaire de quatorze millions, le trésor seroit grevé d'une rente perpétuelle de 5 millions,
et l'on éprouveroit une légère réduction de neuf
millions sur le déficit annuel ; ce déficit, avec
cette réduction, n'en seroit pas moins encore
de soixante-quinze millions par an.

Pour arriver à ce triste résultat, et éviter qu'il
ne devienne encore plus funeste, il faut renoncer
à jamais à toute diminution de contributions,
continuer toujours à recevoir de la Famille

Royale un abandon de trois millions sur la liste civile; faire, sans interruption, la retenue de douze millions sur les traitemens; calculer que nous n'aurons jamais ni guerre continentale, ni guerre maritime qui nous forceront à augmenter les dépenses de notre état de paix; renoncer à tous grands travaux, à toutes constructions qui s'écarteroient de la plus stricte nécessité; et enfin, être sûr que nous n'aurons jamais à craindre ni disette, ni fléau d'aucune espèce.

Il existe, dira-t-on encore, une ressource pour diminuer nos embarras, ou moins une espérance de les voir terminer: c'est la Caisse d'amortissement. Mais, malgré les puissans moyens que l'on met à sa disposition, ses effets sont lents, et ses résultats sont foibles à côté d'un déficit annuel de soixante-quinze millions. D'ici à 1821, la Caisse d'amortissement aura touché 160,000,000 fr. Je suppose qu'elle soit propriétaire alors de 15 millions de rentes, si tous les ans nous sommes dans l'obligation de pourvoir à un déficit aussi considérable; cette masse de dettes, qui viendra grever nos finances, sera bien plus pesante que l'amélioration qu'elles pourront obtenir de l'emploi d'une somme de 40,000,000 fr. D'ailleurs, dans le système d'amortissement que nous avons adopté, où l'on calcule sur les avantages des intérêts composés, la caisse d'amortissement doit être considérée comme un étranger

(44)

propriétaire d'une certaine quantité de rentes,
qui ne s'en dessaisira que lorsque l'opération sera
totalement terminée ; elle ne sera donc d'aucun
soulagement pour le trésor en 1821. C'est beaucoup plus tard que l'on pourra sentir la bonne
influence de son existence ; et comme notre projet
est de nous rendre compte seulement de notre
position financière en 1821, il nous paroît démontré qu'à cette époque le déficit annuel sera
au moins de. . . . . 75,000,000 fr.
A côté de ce déficit annuel, il en existe un
autre dont il nous paroît nécessaire de parler,
c'est le déficit des caisses : je sais que cette dette
n'est pas urgente, ni même exigible, et que les
caisses se libèrent sans cesse avec les fonds qui
viennent remplacer ceux que l'on rembourse ;
mais il est toujours bon de s'occuper de ce déficit ; et si les circonstances le permettoient, il
seroit juste de rendre à chaque caisse ce qui lui
appartient, parce qu'au lieu d'être obligé de leur
servir des intérêts, elles feroient un bénéfice
sur les placemens qu'elles pourroient opérer.

Suivant l'état 19, page 116, rapport du Ministre des finances, le passif des
caisses s'élevoit, au 1er juillet dernier, à . . . . 313,298,590 f.
L'actif, à la même époque, étoit
de . . . . 164,095,225.

Ainsi, le passif réel étoit de . . 149,203,365.

Report.... 149,203,365 f.

A cette somme il faut ajouter le capital des cautionnemens, dont nous n'avons pas le détail bien exact, mais qu'il est aisé de fixer par approximation ; puisque nous savons que les intérêts s'en élèvent à 8 millions, que la majeure partie ne rapporte que 4 pour 100 d'intérêts, et que quelques-uns même ne produisent que 3 pour 100, on peut calculer qu'ils s'élèvent au moins à . . . . 190,000,000 f.

Total général du déficit des caisses · . . . . 339,203,365 f.

Dette énorme, et pour laquelle il seroit nécessaire aussi de faire une espèce de fonds d'amortissement.

Après avoir ainsi fait connoître le précipice dans lequel nous sommes plongés ; cherchons s'il est un moyen de nous en tirer, ou au moins d'en diminuer la profondeur.

Le premier moyen qui se présente est celui d'un emprunt annuel ; on ne manquera pas de financiers qui viendront nous dire que le système des emprunts nous ayant aussi bien réussi depuis quatre ans, nous ne risquons rien de le continuer encore : ils ajouteront même que si

nous avons bien pu emprunter le capital de 15 ,
20 , et jusqu'à 3o millions de rentes par année ,
il nous sera facile d'en vendre 5 à 6 millions, qui
nous suffiront amplement pour combler un déficit de 75 millions. Si nous ne sommes pas encore rassurés par notre propre expérience , ils
nous citeront l'Angleterre, et chercheront à
nous prouver que , puisque ce pays s'est enrichi
extraordinairement , quoiqu'il ait augmenté sa
dette hors de toute proportion : en doublant ou
triplant la nôtre , nous obtiendrons le même
résultat.

Nous sommes loin de partager cette opinion ;
nous pensons qu'en 1821 , si déjà il n'est pas trop
tard , il devra être interdit de faire aucun emprunt sous peine d'une ruine totale. L'exemple
de l'Angleterre n'est pas un motif pour nous de
changer d'avis : pour comparer deux faits , deux
événemens, deux pays , il faut qu'il y ait entre
eux quelque analogie , et il n'y en a aucune entre
le système financier de la France et celui de l'Angleterre. Il ne peut donc y en avoir aucune dans
la manière d'opérer.

Nous allons tâcher d'établir cette différence en
peu de mots.

Pour tout bon système d'emprunt, il faut au
moins l'une de ces deux choses indispensables ,
ou un prêteur qui ait surabondance de fonds ,
ou un emprunteur qui ait assez de crédit pour

ne pas emprunter d'une manière trop onéreuse ; quand le prêteur n'a pas plus de capitaux qu'il n'en trouve facilement l'emploi, il fait la loi à l'emprunteur, et finit par le ruiner en cumulant sans cesse les capitaux avec les intérêts : c'est la position de la France.

Quand au contraire l'emprunteur peut se passer des fonds oisifs des capitalistes, ceux-ci languissent à côté de leurs capitaux et sont obligés d'aller leur chercher de l'emploi dans des opérations étrangères et aventureuses ; c'étoit la position de la Hollande avant la révolution, elle étoit intéressée dans tous les emprunts qui se faisoient en Europe.

La position la plus heureuse est celle où le prêteur et l'emprunteur ont un égal besoin l'un de l'autre ; c'est celle de l'Angleterre, quelques chiffres établiront cette position d'une manière palpable.

On calcule ainsi en France le capital des fortunes particulières, pour une population de 29 millions d'habitans ;

1° Valeur des propriétés territoriales 25 milliards
2° Capitaux employés aux manu-
    factures et au commerce..... 10
3° Capitaux placés dans les fonds
    publics ou sur particuliers,
    valeurs mobilières et de circula-
    tion 5

Total...... 40 milliards.

Représentant un revenu brut annuel de 4 milliards environ (1) qui, réparti sur 29 millions d'habitans, donne à-peu-près 140 fr. par tête ; somme qui n'est que suffisante pour la dépense de chaque individu et qui ne permet pas au commerce ni à l'agriculture, de disposer des fonds dont ils pourroient avoir besoin pour prendre l'extension dont ils sont susceptibles , ce qui prouve la vérité de cette opinion, c'est qu'il n'y a pas de terre en France qui ne puisse rapporter cinq pour cent des fonds que l'on emploieroit avec intelligence à son amélioration. Dans un tel état des choses, il ne peut, il ne doit même y avoir aucun prêteur. Le gouvernement pour les attirer est obligé de leur donner des intérêts énormes et toujours au détriment du commerce et de l'agriculture, ce n'est pas la confiance qui manque, c'est la matière première des emprunts, ce sont les capitaux.

En Angleterre au contraire ;

Pour une population de 15 millions d'habitans voici comment on calcule les fortunes particulières.

---

(1) On estime le revenu brut à dix pour cent ; cette évaluation est exacte pour le produit des terres , du commerce et de l'industrie ; les fonds publics seulement ne produisent pas tout-à-fait autant.

1º Valeur des propriétés terri-
toriales..................·............ 15 milliards.
2º Capitaux placés dans les
fonds publics.................... 25
3º. Manufactures , commerce.. 20

$$\overline{}$$

TOTAL..... 6o milliards.

Représentant un revenu brut annuel de 5 milliards seulement, à cause de la masse énorme
des capitaux placés dans les fonds publics.

Quand sur ce revenu , au lieu de 140 fr. par
tête comme en France , on fixeroit la dépense
individuelle à 250 fr., un revenu de 4 milliards y suffit ; et il reste chaque année un
revenu oisif et au-delà des besoins de la consommation , d'un milliard. Les capitalistes
embarrassés de cet excédant de fortune , ap-
pellent par leurs vœux un banquier qui veuille
à tout prix se charger de leurs fonds ; il faut
alors que le gouvernement anglais ouvre ses
caisses, sous peine de voir les capitaux chercher de l'emploi en pays étrangers, c'est ainsi
que tous les ans l'échiquier emprunte un capital
égal à peu près à l'intérêt de sa dette , c'est l'intérêt des capitaux inutiles à la consommation qui
met le capitaliste à même de prêter les fonds nécessaires pour lui payer bientôt les intérêts échus,
et cette navette, ce virement perpétuels , auront
lieu tant que les produits du commerce et des

manufactures seront toujours à peu près les mêmes ; mais le jour où cette circulation s'arrêtera, et où un événement quelconque viendra encombrer leurs magasins, tout cet édifice pourra s'écrouler.

Notre situation et celle de l'Angleterre sont donc bien différentes.

Il est évident que nous marchons à notre ruine avec le système des emprunts, puisque nous retirons au commerce et à l'agriculture des capitaux qui leur sont indispensables, tandis qu'en Angleterre il faut nécessairement que tous les ans un emprunt considérable ou des billets de l'échiquier viennent absorber la surabondance des capitaux oisifs.

Il faut donc chercher un autre moyen de sortir de la crise cruelle dans laquelle nous nous trouvons.

Puisque nous ne pouvons ni emprunter, ni augmenter nos revenus, ni diminuer en aucune manière nos charges ordinaires, il ne nous reste qu'un moyen de salut, c'est la diminution de nos charges extraordinaires; il faut nous reposer avec confiance sur les négociations diplomatiques que Sa Majesté a annoncé, dans son discours d'ouverture à la Chambre des Députés, être entamées à ce sujet, et dont elle espère un heureux résultat.

Il faut se hâter de conclure avec les puissances alliées un traité de solde final, tant pour l'ar-

mée d'occupation et le restant dû de la contribution de guerre, que pour les liquidations particulières ; ce n'est que par beaucoup de modé-
ration , qu'elles peuvent espérer d'être payées de
tout ce qui sera convenu : et leur intérêt bien en-
tendu leur fait un devoir de souscrire à un pareil
arrangement , car en poursuivant avec trop de
rigueur un débiteur de bonne foi , mais un
peu gêné dans ses affaires, on le force à sus-
pendre ses paiemens , et bientôt à manquer
tout-à-fait. Alors chacun y perd ; tandis qu'en
prenant son état en considération , en faisant à
son égard de justes sacrifices , on en obtient plus
qu'on ne pouvoit espérer de sa position.

En vain dira-t-on que les gouvernemens étrangers ne peuvent pas stipuler pour des intérêts
qui ne leur appartiennent pas , pour les droits
des particuliers. Il est aisé de répondre qu'on
peut ne porter aucun préjudice à ces droits : si
les puissances étrangères traitent à forfait pour
tout ce que la France peut leur devoir , chacune
d'elles recevra toujours plus qu'il ne sera nécessaire pour solder intégralement ses sujets ;
et en résultat, elles ne feront réellement des
sacrifices que sur ce qui peut leur revenir dans
la contribution de guerre. Mais à cet égard ,
elles ont bien le droit de faire telles transactions
que bon leur semblera ; comme ce sont elles qui,
de leur pleine autorité, ont signé le traité du

20 novembre 1815, et qui nous ont imposé toutes les charges qui y sont stipulées ; elles peuvent bien aujourd'hui, de leur propre mouvement, diminuer ces charges, sur-tout lors-qu'elles sont convaincues, comme dans les circonstances présentes, que leur propre intérêt les y oblige. Tout doit donc nous faire espérer une transaction prompte et loyale, qui soit générale et définitive, puisque nous avons pour auxiliaire dans la discussion, la générosité que les hautes parties contractantes ont toujours annoncée, et leur intérêt bien calculé.

De l'Imprimerie de DEMONVILLE, rue Christine, n° 2.

9 782014 043785